BEI GRIN MACHT SICH IHR WISSEN BEZAHLT

Thomas Windhoevel

Eine Unterrichtsstunde zum Thema "Einkaufskalkulation" im Fach Betriebswirtschaftslehre/ Rechnungswesen, Klassenstufe 8

GRIN Verlag

Bibliografische Information der Deutschen Nationalbibliothek:

Die Deutsche Bibliothek verzeichnet diese Publikation in der Deutschen National-
bibliografie; detaillierte bibliografische Daten sind im Internet über http://dnb.d-
nb.de/ abrufbar.

Impressum:

Copyright © 2011 GRIN Verlag, Open Publishing GmbH
Druck und Bindung: Books on Demand GmbH, Norderstedt Germany
ISBN: 978-3-656-33820-8

Dieses Buch bei GRIN:

http://www.grin.com/de/e-book/189728/eine-unterrichtsstunde-zum-thema-ein-
kaufskalkulation-im-fach-betriebswirtschaftslehre

GRIN - Your knowledge has value

Der GRIN Verlag publiziert seit 1998 wissenschaftliche Arbeiten von Studenten, Hochschullehrern und anderen Akademikern als eBook und gedrucktes Buch. Die Verlagswebsite www.grin.com ist die ideale Plattform zur Veröffentlichung von Hausarbeiten, Abschlussarbeiten, wissenschaftlichen Aufsätzen, Dissertationen und Fachbüchern.

Besuchen Sie uns im Internet:

http://www.grin.com/

http://www.facebook.com/grincom

http://www.twitter.com/grin_com

Inhalt

1. Pädagogisch-psychologische Vorerwägungen

Die Klasse 8 c besteht aus insgesamt 28 Schülern. Die Klasse 8 c unterrichte ich mit Fr. S. seit dem Beginn des Schuljahres. Aufgrund meiner bisherigen Unterrichtserfahrungen, kann die Mitarbeit der Schüler insgesamt als positiv bewertet werden. Die Schüler sind am Fach Betriebswirtschaftslehre / Rechnungswesen interessiert. Der Großteil der Schüler lässt sich zur Mitarbeit motivieren. Andere Schüler beteiligen sich nur sehr wenig am Unterrichtsgeschehen. Diese müssen von der Lehrkraft durch gezielte Fragen in der Unterricht mit eingebunden werden. Bei den meisten Schülern ist auffällig, dass sie über eine schnelle Auffassungsgabe verfügen und ein gutes Verständnis für betriebswirtschaftliche Zusammenhänge haben. Die Lehrkraft muss deshalb sehr darauf achten, dass sich auch die weniger aktiven Schüler am Unterrichtsgeschehen beteiligen und ihre Wortmeldungen einbringen können. Die Zusammenarbeit in der Klasse ist als positiv zu bewerten, sodass Partnerarbeiten gut einsetzbar sind. Jedoch erfordern diese Sozialformen eine klare Arbeitsanweisung.

2. Sachanalyse

Die Einkaufskalkulation ist die typische Form retrograder Kalkulation im Handel (Handelskalkulation). Bei ihr wird festgestellt, welche Einkaufspreise bei einer bestimmten Marktpreissituation und unter Berücksichtigung der Preise der geführten Güter noch tragbar sind, um Kosten und den erwünschten Gewinn zu decken. (Handelsspanne) (WHITERTON JONES PUBLISHING LTD. (Hrsg.), 2011, S. 1)

Sie ist somit für die Ermittlung des Verkaufspreises für die eigenen, fertigen Erzeugnisse, sowie für Handelswaren essentiell, da die Einstandspreise der Roh-, Hilfs-, Betriebsstoffe, Fremdbauteile und Handelswaren eine wichtige Grundlage bilden. Außerdem lassen sich mehrere Angebote einfach vergleichen.

Das Berechnungsschema hierzu lautet wie folgt:

Einkaufskalkulation:	Angebot 1	Angebot 2	Angebot 3
Listeneinkaufspreis			
- Liefererrabatt in %			
Zieleinkaufspreis			
- Liefererskonto in %			
Bareinkaufspreis			
+ Bezugskosten			
Einstandspreis			

Die gesetzliche Grundlage lässt sich im § 255 Absatz HGB finden.

Die Rabatte lassen sich noch in Mengen-, Treue-, Wiederverkäufer-, oder Sonderrabatte aufgliedern. Skonti werden als Belohnung für baldiges Bezahlen der Ware gewährt.

Bezugskosten lassen sich noch in Frachten, Porto, Verlade-, Umlade- und Lagerkosten, Verpackungskosten, Versicherungskosten und Vermittlungskosten unterteilen. Bei Einkauf von mehreren Werstoffen, Handelswaren oder Warensorten sollen die Bezugskosten anhand der entsprechenden Gewichts- oder Wertspesen aufgeteilt werden und den richtigen Bezugskostenkonten (z. B. BZK R) zugeteilt werden. (vgl. SCHMOLKE M., et al, 2010, S.128f; SCHMALEN H., et al, 2009, S. 302f)

3. Didaktische Analyse

3.1 Lehrplanbezug

Das Thema „Das Schema der Einkaufskalkulation" wird in der sechsstufigen Realschule in der 8. Jahrgangsstufe im dreistündigen Fach Betriebswirtschaftslehre / Rechnungswesen durchgenommen. Im Lehrplan findet sich dieses Thema unter dem Punkt „8.2 Beschaffung und Einsatz von Werkstoffen und Handelswaren". (BAYERISCHES STAATSMINITERIUM FÜR UNTERRICHT UND KULTUS (Hrsg.), 2001, S. 189)

Durch praxisbezogene Fallstudien sollen die Kenntnisse aus dem Vorjahr gesichert und erweitert werden. Insbesondere sollen Angebote ausgewertet und verglichen werden (Folgestunde). In der heutigen Unterrichtsstunde wird das Schema anhand eines Rollenspiels wiederholt.

Die vorherige Unterrichtseinheit hat sich mit dem Schulkontenplan beschäftigt und wurde bereits abgeschlossen.

3.2 Lernziele

Um einen möglichst großen Lerneffekt bei den Schülern zu erzielen ist es sinnvoll, sich im Vorfeld Gedanken über die eigentlichen Lernziele der Stunde machen. Durch das eindeutige formulieren von Lernzielen soll eine bessere Planung des Stundenablaufs sowie eine bessere Kontrolle des Stundenverlaufs während dem Unterrichten ermöglicht werden. Nach Mayer wird unter dem Begriff Lernziel die „sprachlich artikulierte Vorstellung über die durch Unterricht (oder andere Lehrveranstaltungen) zu bewirkende gewünschte Verhaltensänderung eines Lernenden" verstanden (vgl. KESSLER, E. u. KRÄTZSCHMAR ,C. 1993, S.80)

Das <u>Hauptziel</u> der Unterrichtsstunde „Das Schema der Einkaufskalkulation" ist, dass die Schüler das Schema beherrschen.

1. <u>Teillernziel:</u> Die Schüler/innen können anhand des Rollenspiels und der Tafelpins die richtige Reihenfolge des Schemas bilden und sich einprägen.

2. <u>Teillernziel:</u> Die Schüler/innen können das Schema anwenden und verstehen warum wir es im Rechnungswesen benutzen.

4. Methodische Analyse

Einstieg

Als Einstieg wurden zwei Angebote gewählt, um die Notwendigkeit eines Schemas zu verdeutlichen, damit das günstigste Angebot ermittelt werden kann. Außerdem soll die Motivation, das Interesse und das Vorwissen der Schüler aktiviert werden.

Überleitung zum Thema

Die Lehrkraft leitet zum Thema der Unterrichtsstunde über: „Unser Chef Hans Glück möchte natürlich, dass wir unsere Roh-, Hilfs- und Betriebsstoffe möglichst kostengünstig einkaufen. Deswegen schauen wir uns heute an, wie bei der Firma Hans Glück der Einkauf kalkuliert wird."

Thema der Stunde

Der L. schreibt das Stundenthema „Das Schema der Einkaufskalkulation" an die Innentafel.

Erarbeitung 1. Teillernziel

Das 1. Teillernziel wird durch die 3 Teile (erst bis zum ZEP, dann bis zum BarEP und dann schließlich zum EP) eines Rollenspiels erarbeitet. Das Rollenspiel wurde hier als Methode ausgewählt, um das Schema den Schülern wirklichkeitsnäher darzubieten und es ihnen somit anschaulicher zu gestalten. Gleichzeitig verteilt der L Tafelpins zu den wichtigen Begriffen. Die Schüler, die einen Tafelpin haben, sollen, wenn im Rollenspiel ihr Begriff erwähnt wird, nach vorne kommen und diesen an die Außentafel hängen. Am Schluss jeder Rollenspielsequenz sollten die Tafelpins in der richtigen Reihenfolge sein. Wenn nicht, bittet der L einen Schüler nach vorne zu kommen und die Tafelpins zu ordnen. Am Schluss des Rollenspiels bittet der L einen Schüler das Schema jetzt noch mit den Beträgen aus dem 1. Angebot zu füllen.

Sicherung 1. Teillernziel

Dann wird Schritt für Schritt das Schema an der Innentafel festgehalten. Die Schüler werden gebeten, diesen Schritt dann gleich auf ihr Blockblatt in den Schnellhefter zu übertragen.

Zwischensicherung 1. Teillernziel

Die Schüler werden gebeten ihren Hefter zu schließen. Die Tafelpins werden durcheinander gebracht. Ein Schüler, der bis jetzt weder Tafelpin noch eine Rolle im Rollenspiel hatte, wird gebeten diese wieder in die richtige Reihenfolge bringen.

Erarbeitung 2. Teillernziel

Die Lehrkraft bittet die Schüler die 2 Angebote nochmals zur Hand zu nehmen. Nun sollen die Schüler anhand des Schemas das 2. Angebot alleine berechnen und damit herausfinden, was das günstigere ist. Der L. geht durch die Klasse und unterstützt. Außerdem sieht er jetzt, ob seine Schüler das Prinzip verstanden haben.

Sicherung 2. Teillernziel

L lässt sich von den Schülern die Werte diktieren und schreibt diese an die Tafel.

Gesamtsicherung

L bittet die Schüler einen Merksatz über den Sinn und Zweck des Schemas zu bilden und schreibt diesen an die Tafel.

Puffer

Als Puffer wird eine weitere Übungsaufgabe aus dem AK-Buch gewählt, um das eben Gelernte noch zu vertiefen. Aufgabe Nr. 54 Nr. 1.

Hausaufgabe

Als Hausaufgabe erhalten die Schüler im AK-Buch die Aufgabe 55 Nrn. 5 - 7.

Die Lehrkraft wählt bewusst diese Aufgabe, da die Schüler mit dieser Aufgabe das Gelernte anwenden, einüben und vertiefen müssen.

5. Durchführung

Verlaufsplan:

Unterrichtsphasen	Unterrichtsverlauf	Aktions- und Sozialform	Medien
Einstieg	Die Lehrkraft teilt 2 Angebote aus und wartet Schülermeldungen ab. Kommen keine Schülermeldungen, fragt er **„Könnt ihr mit sagen, welches das günstigere Angebot ist?"** Die werden erkennen, dass man ein Rechenschema braucht, um das günstigste Angebot ermitteln zu können.	L-S-G	2 Angebotsblätter
Überleitung	L: „Unser Chef Hans Glück möchte natürlich, dass wir unsere Roh-, Hilfs- und Betriebsstoffe möglichst kostengünstig einkaufen. Deswegen schauen wir uns heute an, wie bei der Firma Hans Glück der Einkauf kalkuliert wird."	L-S-G	Tafel

| Thema der Stunde | L: „Nehmt euer Heft bitte quer!" | Impuls | Tafel |

Das Thema „Das Schema der Einkaufskalkulation" wird an der Tafel gesichert.

L: „Wir brauchen eine Tabelle mit 7 Spalten und 8 Zeilen. Ihr könnt die ganze Breite des Heftes ausnutzen. Es soll unter nur noch ein kleines „Merke" hinpassen."

| Erarbeitung TLZ 1 | L: „Ich habe heute ein Rollenspiel dabei. Wer möchte die Rolle von Fr. | Impuls | Rollenspielzettel, |

Schreiner sprechen und wer die von Hrn. Pech? Wir brauchen auch noch einen Erzähler." Außerdem verteilt der L die Tafelpins, bis auf die % und € - Pins. „Wenn Euer Begriff im Rollenspiel fällt, kommt bitte nach vorne und heftet Euren Pin an die Tafel!" Nach dem Rollenspiel – sofern noch nicht geschehen: „Bitte bringt die Pins noch in die richtige Reihenfolge." Nach dem der L das Tafelbild gefertigt hat, bittet er einen Schüler ihm noch die Werte aus dem Rollenspiel anzugeben.

Tafelpins, Tafel

Sicherung TLZ 1	L bittet Schüler das Tafelbild abzuschreiben.	
Zwischensicherung TLZ 1	L bringt Tafelpins durcheinander und sagt: **„Nennt mir bitte die richtige Reihenfolge!"**	Impuls L-S-G
Erarbeitung TLZ 2	L: **„Nun wollen wir das noch etwas üben. Dazu nehmt bitte Euer 2. Angebot wieder her und trägt die Werte in das Schema ein und berechnet die fehlenden Werte. Ihr habt dafür 5-6 min. Zeit."** Der L geht herum und schaut, ob die Schüler die Werte berechnen können.	Impuls/EA
Sicherung TLZ 2	Ein Schüler diktiert die Lösung. Der L schreibt die Werte in das vorhandene Schema in der Innentafel.	Tafel
Gesamtsicherung/ Merksatz	Die Lehrkraft fordert die Schüler über den verbalen Impuls **„Wir haben nun das Schema der Einkaufskalkulation kennen gelernt! Lasst uns**	Impuls

noch doch zusammenfassen, warum wir dies im Betrieb benutzen." L-S-G

Der Merksatz wird erarbeitet und an der Tafel festgehalten. Tafel

Puffer

Die Lehrkraft gibt den Schülern eine Aufgabe im Schulbuch auf und Impuls/PA Schulbuch
ergänzt den Arbeitsauftrag: **„Löst gemeinsam mit eurem Banknachbarn** Aufgabe 54 Nr.1
die Aufgabe!"

Zeit: 4-5 min.

Hausaufgabe

Als Hausaufgabe müssen die Schüler den Hefteintrag lernen und die Hefteintrag
gestellten Aufgaben im Schulbuch lösen. Schulbuch

Aufgabe 55 Nrn.

5-7

6. Verzeichnis der Literatur

KESSLER, E., et al (1993): Schulpädagogisches Repetitorium. Köln.

SCHMOLKE, Dr. S., et al (2010): Industrielles Rechnungswesen IKR, Braunschweig.

SCHMALEN, H., et al (2009): Grundlagen und Probleme der Betriebswirtschaft. Stuttgart.

7. Verzeichnis der Internetquellen

Lehrplan der sechsstufigen Realschule in Bayern.

Online im Internet:

http://www.isb.bayern.de/isb/download.aspx?DownloadFileID=bb3f4d9eaa362b8e61 2cefe5758bb61b

Gefunden am 13.11.2011 um 14:30

Wirtschaftslexikon 24 (Hrsg.)

Online im Internet:

http://www.wirtschaftslexikon24.net/d/einkaufskalkulation/einkaufskalkulation.htm

Gefunden am 13.11.2011 15:23

8. Anhang – die Unterrichtsmaterialien

8.1 Tafelbildentwurf

(quer) Das Schema der Einkaufskalkulation 18.11.2011

	Angebot 1:			Angebot 2:		
LEP	10.000,00 €	100%		11.000,00 €	100%	
- LR (in %)	500,00 €	5%		495,00 €	4,5%	
ZEP	9.500,00 €	95%	100%	10.505,00 €	95,5	100%
- LSK (in %)	285,00 €	3%		315,15 €		3%
BEP	9.215,00 €	97%		10.189,85 €		97%
+ BZK (in €)	1.000,00 €			900,00 €		
EP	10.215,00 €			11.089,85 €		

Die Einkaufskalkulation dient dazu:
- den wirklichen, endgültigen Preis zu ermitteln.
- mehrere Angebote zu vergleichen.

8.2 Einstieg

Das Sägewerk GmbH

Das Sägewerk GmbH
Brettlgasse 17, 81200 München

Hans Glück e. K.
Bahnhofstr. 15

82256 Fürstenfeldbruck

www.dassaegewerk.de
Amtsgericht München HRB 110101
Geschäftsführer: Hans Zimmermann
USt-IdNr.: DE987654321
Steuernummer: 23-1122334455

Angebot 1

München, 18. November 2011

Kundennummer.: 123-77

Sehr geehrte Damen und Herren,

aufgrund Ihrer telefonischen Anfrage erhalten Sie unsere Preisliste für die gewünschten 20m^3. Wir freuen uns wieder von Ihnen zu hören!

Preisliste:

Art.-Nr.	Holzart	Preis je m^3
1400	Fichtenholz-Bretter 1a	500,00 €

Rabatt ab 15m^3 5 %.
Bei Bezahlung innerhalb von 10 Tagen nach Rechnungserhalt gewähren wir 3% Skonto.
Transportkosten 50,00 € je m^3.

Mit freundlichen Grüßen,

Schreinerei Holzwurm

Schreinerei Holzwurm
Holzweg 7, 81825 München

Hans Glück e. K.
Bahnhofstr. 15

82256 Fürstenfeldbruck

www.holzwurm.de
Amtsgericht München HRB 117 165
Geschäftsführer: Hans Holzwurm
USt-IdNr.: DE123456789
Steuernummer: 007/333/223344

München, 18.11.2011

Angebot 2

Kundennummer: 17548

Sehr geehrte Damen und Herren,

bezugnehmend auf Ihre Anfrage vom 14.11.2011 erhalten Sie unsere Preisliste und Konditionen für die gewünschten $20m^3$ Fichten - holzbretter.

Art.-Nr.	Holzart	Preis je m^3
2300	Fichtenholz Glattkantbretter 18x196	550,00 €

Wir gewähren ab $10m^3$ 4,5% Rabatt.
Bei Bezahlung binnen 10 Tagen gewähren wir 3% Skonto.
Pro m^3 berechnen wir 45,00 € Transportkosten.

Mit freundlichen Grüßen,

8.3 Rollenspiel: Ein Telefongespräch

Mitarbeiter der Einkaufsabteilung von Hans Glück (Herr Pech): Guten Morgen. Bin ich mit der Verkaufsabteilung des Allinger Sägewerks verbunden?

Mitarbeiterin des Sägewerks (Frau Schreiner): Guten Morgen. Ja. Was kann ich für Sie heute tun?

Herr Pech: Wir brauchen für unsere Produktion 20 Kubikmeter Fichtenholzbretter. Was können Sie uns da anbieten?

Frau Schreiner: Da haben Sie jetzt Glück, wir haben gerade frische Bretter zu 500,00 € pro Kubikmeter da.

Herr Pech: *(Rechnet den Listeneinkaufspreis für 20 Kubikmeter aus. (10.00,00 €).* Da ich gleich soviel abnehme und so ein treuer Kunde von Ihnen bin, könnten Sie mir da mitm Preis etwas entgegen kommen?

Frau Schreiner: Ich will mal nicht so sein. 5 % Sofortrabatt könnte ich Ihnen gewähren.

Herr Pech: *(Rechnet. Das sind ja immerhin 500,00 €. Somit beträgt der Zieleinkaufspreis noch 9.500,00 €)* Ich muss das erst mit meinem Chef besprechen. Ich rufe wieder an.

Nun läutet bei Herrn Pech das Telefon.

Herr Pech: Grüß Gott, sie sind mit der Firma Hans Glück verbunden. Am Apparat ist Herr Pech.

Frau Schreiner: Hallo Herr Pech. Ich habe vorher völlig vergessen, dass wir nicht „Frei Haus" liefern. Es fallen noch Fracht- und Verpackungskosten in Höhe von 50,00 € pro Kubikmeter an. Das wären in Ihrem Fall 1.000,00 €.

Herr Pech: Nun gut. Das letzte Mal, haben Sie auch nicht „Frei Haus" geliefert. Lassen Sie mir bitte das Angebot schriftlich zu kommen. Dann kann ich es noch mal meinem Vorgesetzten vorlegen. Sie hören dann wieder von uns. Auf Wiederhören.

Frau Schreiner: Ich faxe es heute noch an Sie 'raus. Danke und Auf Wiederhören.

8.4 Tafelpins

LEP

LR

ZEP

LSK

BarEP

BZK

EP

%

€

8.5 Lösungsfolie: Puffer

Übungen zum Einkaufskalkulationsschema

Aufgabe 54
Nr. 1

	Nr. 1:		
LEP	5.400,00 €	100%	
- LR	675,00 €	12,5%	
ZEP	4.725,00 €	87,5%	100%
- LSK	94,50 €		2%
BEP	4.630,50 €		98%
+ BZK	125,00 €		
EP	4.755,50 €		

8.6 Lösungsfolie: HA

HA vom 18.11.2011:

Übungen zum Einkaufskalkulationsschema

Aufgabe 55
Nrn. 3-7

	Nr. 5:			Nr. 6:	
LEP	9.000,00 €	100%		33.600,00 €	
- LR	1.080,00 €	12%		0,00 €	
ZEP	7.920,00 €	88%	100%	33.600,00 €	100%
- LSK	158,40 €		2%	1.008,00 €	3%
BEP	7.761,60 €		98%	32.592,00 €	97%
+ BZK	0,00 €			58,00 €	
EP	7.761,60 €			32.650,00 €	

	Nr. 7:		
LEP	24.000,00 €	100%	
- LR	5.280,00 €	22%	
ZEP	18.720,00 €	78%	100%
- LSK	374,40 €		2%
BEP	18.345,60 €		98%
+ BZK	0,00 €		
EP	18.345,60 €